STUDD

9
IM ZEICHEN
DES ROTEN ADLERS

bearbeitet von
Karl-Heinz und Thomas Gerhardt

C.C. BUCHNERS VERLAG

Kleine lateinische Texte zur Unterhaltung, zum Nachdenken und Weiterlesen

Die Reihe STUDIO wird herausgegeben
von Klaus-Uwe Dürr und Reinhard Heydenreich.

Heft 9   IM ZEICHEN DES ROTEN ADLERS
Lateinisches aus Berlin und Brandenburg von der Antike bis zum Ausgang des Mittelalters
wurde verfasst von Karl-Heinz Gerhardt, Potsdam, und Thomas Gerhardt, Berlin.

Abbildungen: Archäologisches Landesmuseum Schloss Gottorf, Schleswig (5.1); Archiv für Kunst und Geschichte, Berlin (15.1); Bayerische Staatsbibliothek, München (7); Jutta Brüdern, Braunschweig (9.2); Domstiftsarchiv Brandenburg (10/11); Film- und Bildstelle der Martin-Luther-Universität Halle-Wittenberg (8.1); Karl-Heinz und Thomas Gerhardt, Potsdam/Berlin (9.1, 13, 15.3, 26, 29.2, 32); Rolf Hirsch, Bamberg (5.2, 16/17, 23.2); Marit Johne / Peter Kolbe, Frankfurt/M.(20); Kohlhammer-Verlag, Stuttgart (23.3); LA Magd.-LHA-Rep.U1 Tit. I Nr. 23 (8.2) und U9a Tit. Ia Nr. 25 (15.2); MDAI (R) 50, 1935 (4); Prestel-Verlag, München (27); Bildarchiv Preußischer Kulturbesitz, Berlin (19.1.2, 23.1); Stadtmuseum Berlin (19.3.4, 25.1.3, 29.1); Vermessungsamt Berlin-Steglitz (15.4)

ISBN 3 7661 **5729** 9

1. Auflage 1^{321} 2005 04 03 02 01 00 1999
Die letzte Zahl bedeutet das Jahr dieses Druckes.

Dieses Werk folgt der reformierten Rechtschreibung und Zeichensetzung. Ausnahmen bilden Texte, bei denen künstlerische, philologische oder lizenzrechtliche Gründe einer Änderung entgegenstehen.

© 1999 C. C. Buchners Verlag, Bamberg
Das Werk und seine Teile sind urheberrechtlich geschützt.
Jede Verwertung in anderen als den gesetzlich zugelassenen Fällen
bedarf deshalb der vorherigen schriftlichen Einwilligung des Verlages.

Einband, Layout und Satz: Design Profile, Hirsch & Partner, Bamberg
Druck: Fränkischer Tag GmbH & Co. KG, Bamberg
Gedruckt auf Umweltpapier aus 100 % Recyclingfasern

VORBEMERKUNGEN

Latein war nicht nur die Sprache des Alten Rom, sondern blieb auch im gesamten Mittelalter das Verständigungsmittel der Gebildeten in Europa. Die vorliegende Ausgabe bietet lateinische Texte aus dem Land zwischen Elbe und Oder, das den heutigen Bundesländern Berlin und Brandenburg entspricht - symbolisiert durch den Adler, den die brandenburgischen Markgrafen spätestens seit Beginn des 13. Jahrhunderts im Wappen führten und anfangs auch die Stadt Berlin. Dieses Gebiet kam erst in nachantiker Zeit mit Latein in engere Berührung und war auch noch im Mittelalter ein Randgebiet des christlich-lateinisch geprägten Kulturbereichs. „Lateinisches *aus* Berlin und Brandenburg" heißt daher für die Frühzeit zunächst Lateinisches *über* diese Region; erst später finden wir auch schriftliche Zeugnisse, die östlich der Elbe entstanden sind.

Bei den Texten handelt es sich einerseits um Auszüge aus Werken, die von der Geschichte des Landes und seiner Bewohner erzählen, andererseits um Urkunden, die in der Absicht verfasst wurden, vollzogene Rechtsakte in verbindlicher Form festzuhalten. Sie sind in einer nüchterneren, zweckdienlichen Sprache geschrieben, gewähren aber interessante Einblicke in die Rechtsvorstellungen und das Alltagsleben der Zeit.

Das mittelalterliche unterscheidet sich vom klassischen Latein im Wortschatz und in der Syntax, obgleich viele Autoren versuchten, die großen antiken Vorbilder nachzuahmen. Die gewandelte und häufig uneinheitliche Orthographie ist zur Vereinfachung an die antike Schreibweise angeglichen worden. Die Texte wurden gekürzt und erleichtert, um eine zügige Lektüre zu ermöglichen. Die Besonderheiten des Mittellateins, die Anpassung der Sprache an mittelalterliche Denk- und Lebensformen, bleiben trotzdem erkennbar. Einigen besonders schweren Passagen ist die Übersetzung beigegeben. Häufiger vorkommende mittellateinische Vokabeln wurden in einem eigenen Verzeichnis auf S. 6 erfasst und erläutert. Sie sind in den Texten beim ersten Vorkommen durch Kursivdruck gekennzeichnet und werden am Rand nicht noch einmal angegeben.

Die Lektüre setzt den Abschluss der Lehrbuchphase voraus; einige Texte erfordern Erfahrung im Umgang mit Originalautoren. In Brandenburg kann *Studio 9* für das Kursthema „Quellen und Darstellungen deutscher Geschichte in lateinischer Sprache" (im zweiten Kurshalbjahr bei Latein II) herangezogen werden.

Mag auch die sprachliche Gestaltung der Texte nicht immer den klassischen Regeln entsprechen, so werden dem Leser dafür viele vertraute Namen begegnen und er wird merken, dass Latein mehr als *eine* Epoche erschließt.

ANTIKE BERICHTE ÜBER DAS LAND AN DER ELBE

In der Zeit um Christi Geburt stießen römische Heerführer mehrmals über den Rhein auf germanisches Territorium vor, unter ihnen Drusus und Tiberius, die Stiefsöhne des Kaisers Augustus. Augustus plante wahrscheinlich, das Gebiet zwischen Rhein und Elbe zu erobern und es zur römischen Provinz zu machen. Die Niederlage im Teutoburger Wald im Jahre 9 n. Chr. setzte solchen Plänen ein Ende. Cassius Dio (um 150-235 n. Chr.) berichtet in seiner auf griechisch verfassten Römischen Geschichte, wie Drusus 9 v. Chr. unter blutigen Kämpfen bis in das Land der Sueben zog und die Elbe erreichte.

„Die Elbe entspringt im Vandalengebirge und mündet als gewaltiger Strom in den nördlichen Ozean. Drusus beabsichtigte, sie zu überschreiten, vermochte es aber nicht, sondern errichtete nur Siegesdenkmale und zog wieder ab. Eine Frau nämlich, größer, als es gewöhnlich menschlichem Wuchs entspricht, trat ihm entgegen und sagte: „Wohin ziehst du denn noch, unersättlicher Drusus? Es ist dir nicht beschieden, all dies zu sehen. Darum geh fort! Denn das Ende deines Lebens und deiner Taten ist dir nah." Sogleich kehrte er voller Eile um und zog davon. Bevor er noch den Rhein erreichte, verstarb er auf dem Marsch an einer Krankheit."

Kopf einer Panzerstatue des Drusus

Im Jahre 5 n. Chr. drang Tiberius, der Adoptivsohn und spätere Nachfolger des Augustus, mit einer Heeresabteilung über den Rhein bis zur Elbe vor, wo er mit einer anderen Abteilung, die von der Nordsee elbaufwärts gefahren war, zusammentraf. Velleius Paterculus schrieb, als Tiberius Kaiser geworden war, eine kurze Römische Geschichte in zwei Büchern. Darin erzählte er eine Begebenheit, die sich an der Elbe, dem Fluss, „der am Gebiet der Semnonen und Hermunduren vorbeifließt", zugetragen hatte.

Cum citeriorem ripam fluminis castris occupavissemus et ulterior armis hostium fulgeret, unus e barbaris aetate
3 senior, corpore et dignitate eminens, conscendit lintrem solusque ad medium processit fluminis. Petivit, liceret sibi sine periculo in eam ripam, quam armis tenebamus,
6 egredi ac videre Caesarem. Data est petenti facultas. Tum ad-pulso lintre et diu tacitus contemplatus Caesarem „nostra iuventus", inquit, „furit, quae vestra potius
9 arma metuit quam vestram fidem sequitur. Sed ego permissu tuo, Caesar, hodie vidi deos, de quibus ante audiebam, nec feliciorem ullum diem vitae meae opta-
12 vi." Postquam impetravit, ut manum eius tangeret, reversus in naviculum sine fine respectans Caesarem ad ripam suorum ad-pulsus est.

citerior, *ius* – diesseitig
fulgere – glänzen
senior, *ius* – älter
eminens, *-entis* – herausragend **conscendere,** *-scendo, -scendi, -scensum* – besteigen
linter, *-tris* m. – Kahn

tacitus, *a, um* – schweigend
contemplare – betrachten
furere – wahnsinnig sein
fidem sequi – sich in den Schutz begeben
permissus, *-us* m. – Erlaubnis

respectare (m. Akk.) – zurückschauen zu

Der römische Geschichtsschreiber Tacitus verfasste um das Jahr 98 n. Chr. eine Schrift mit dem Titel „Über Ursprung und Wohnsitz der Germanen". Seine Informationen erhielt er aus älteren Werken, vielleicht auch von Händlern, die Germanien bereist hatten. Über die Elbe schreibt er, sie sei den Römern einstmals aus eigener Anschauung bekannt gewesen, jetzt aber kenne man sie nur noch vom Hörensagen. Tacitus beschreibt auch den Stammesverband der Sueben und den angesehensten suebischen Stamm, die Semnonen, die im Gebiet des heutigen Landes Brandenburg siedelten.

Kopf einer Moorleiche mit Suebenknoten

Nunc de Suebis dicendum est; maiorem Germaniae partem obtinent propriis adhuc nationibus nominibusque
3 discreti, quamquam in commune Suebi nominentur. Insigne gentis est obliquare crinem nodoque substringere. Sic Suebi a ceteris Germanis, sic Sueborum ingenui a ser-
6 vis separantur.
Vetustissimos se nobilissimosque Sueborum Semnones credunt. Constituto tempore in silvam sacram legationes
9 omnium nationum conveniunt caesoque publice homine barbaros ritus celebrant. Est et alia silvae reverentia: nemo nisi vinculo ligatus ingreditur, ut minor et potesta-
12 tem numinis prae se ferens. Si quis forte prolapsus est, surgere non licet: per humum evolvuntur.

discretus, *a, um* – unterschieden
in commune – insgesamt
insigne, *-is* n. – Kennzeichen
obliquare – zur Seite kämmen **nodus** – Knoten
substringere – hochbinden
ingenuus, *a, um* – freigeboren **vetustus**, *a, um* – alt

ritus, *-us* m. – Feierlichkeit
reverentia – Verehrung
vinculo ligatus – in Fesseln
prae se ferre – zur Schau tragen **prolabi**, *labor, lapsus sum* – ausgleiten
evolvi – sich hinauswälzen

1. Wie unterscheidet sich die hier beschriebene germanische Götterverehrung von der römischen?
2. Vergleichen Sie hinsichtlich der germanischen Vorstellungen von göttlicher Macht die Darstellung des Tacitus mit der Erzählung des Velleius.

Die germanischen Stämme an der unteren Elbe und die vermuteten Marschrouten von Drusus und Tiberius

Porträtbüste des Tiberius

MITTELLATEINISCHES VOKABULAR

Marchia oder **marca** heißt *Grenze, Grenzland* und bezeichnet insbesondere ein Gebiet, das der eigenen Grenze vorgelagert ist und einen Schutzgürtel für das eigene Territorium bildet. Ein solches Gebiet jenseits des Grenzflusses Elbe war die Mark Brandenburg; in späterer Zeit ist **marchia** häufig gleichbedeutend mit *Mark Brandenburg*. Jede Mark untersteht einem **marchio** (*-onis* m.), einem *Markgrafen*.
In diesem Gebiet siedelten seit dem frühen Mittelalter die **Sclavi** oder **Slavi** – *Slawen* (auch *Wenden* genannt). Davon ist das deutsche Wort „Sklave" abgeleitet, das ursprünglich einen unfreien Slawen bezeichnete. Das zugehörige Adjektiv ist:
slavicus, *a, um* (oder **slavonicus**, *a, um*) – *slawisch*, das Siedlungsgebiet der Slawen heißt **Slavia** – *Slawenland*.
Einige aus der Antike bekannte Bezeichnungen tragen im Mittelalter eine andere Bedeutung, z. B.:
consul, *-is* m. – *Ratsherr*
praesul, *-is* m. – *Bischof, Ordensgeistlicher*
dux, *ducis* m. – *Herzog*, davon abgeleitet ist
ducatus, *-us* m. – *Herzogtum*.
Der Bedeutungswandel ist Ausdruck einer veränderten Zusammensetzung der Gesellschaft; eine neue Bedeutung erhalten auch:
villa – *Dorf*
castrum (aus castra, *-orum* n.) – *Burg*
fides (**christiana**) – *der christliche Glaube*.
Bestimmte Wörter werden erst mit der Ausbreitung des Christentums gebräuchlich, z. B.:
episcopus – *Bischof*
episcopatus, *-us* m. – *Bischofssitz, Bischofsamt*
episcopalis, *e* – *bischöflich*
archiepiscopus – *Erzbischof*
cathedra – *Bischofssitz*
ecclesia – *Kirche*
monasterium – *Kloster*
abbas, *-atis* m. – *Abt* (Vorsteher eines Mönchsklosters)
abbatissa – *Äbtissin* (Vorsteherin eines Nonnenklosters).
Die Andersgläubigen, speziell die Slawen, wurden als
pagani – *Heiden* (Adjektiv **paganus**, *a, um* – *heidnisch*) oder
idolatri – *Götzendiener*, ihre Kultbilder als
idola, *-orum* n. – *Götzenbilder* und ihr Kult als
idolatria – *Götzendienst* bezeichnet.
Der christlichen Glaubenslehre entstammt die Urkundenformel
sancta et individua trinitas, *-tatis* f. – *die heilige und unteilbare Dreifaltigkeit* (Gott-Vater, -Sohn und Heiliger Geist).
Himmelsrichtungen werden folgendermaßen angegeben:
versus aquilonem/septentrionem, austrum/meridiem, orientem, occidentem – *nach* (oder *im*) *Norden, Süden, Osten, Westen*;
aquilonalis, *e*; **septentrionalis**, *e*; **orientalis**, *e* sind davon abgeleitete Adjektive.
Dem Kanzleistil der Urkunden gehören an:
praedictus – *oben genannt, bereits erwähnt*
videlicet – *nämlich, und zwar*

RÖMER, GERMANEN UND SLAWEN

In der Spätphase Roms, vom 3. Jh. n. Chr. an, gingen die Germanen gegenüber dem Römischen Reich in die Offensive. Die früheren kleinen Stämme waren nun zu Stammesbünden - z. B. den Franken und Sachsen - vereinigt. Sie überschritten die Grenze auf der Suche nach Beute und Land und siedelten sich, oft mit der Zustimmung Roms, auf römischem Gebiet an. Das freiwerdende Land im Osten wurde von slawischen Völkern in Besitz genommen.

Die Franken eroberten sich unter dem Königsgeschlecht der Merowinger ein Reich, das den größten Teil des heutigen Frankreich umfasste. Ihr König Chlodwig trat kurz vor dem Jahre 500 zum Christentum über. Karl der Große dehnte das Frankenreich im Nordosten bis zur Elbe aus; die Sachsen, die etwa auf dem Gebiet des heutigen Niedersachsens siedelten, wurden unterworfen und mussten sich taufen lassen. Im Jahre 789 unternahm er einen Feldzug über die Elbe gegen die slawischen Lutizen und zwang deren Fürsten, sich ihm zu unterwerfen.

Die Enkel Karls des Großen teilten das Frankenreich unter sich in ein West-, ein Mittel- und ein Ostreich auf. Das Ostfrankenreich wurde noch bis 911 von Karls Nachfahren, den Karolingern, regiert. Danach wählten die Franken vom Rhein und Main und die Sachsen den fränkischen Herzog Konrad zum König. Bayern und Schwaben schlossen sich der Wahl an - die Grundlage für ein eigenständiges deutsches Reich war gelegt. Nach Konrads Tod wurde 919 Herzog Heinrich, ein Sachse, zum König gewählt. Sächsische Könige regierten von da an über 100 Jahre lang das Reich. Nach Heinrichs Nachfolgern, Otto I. (dem Großen), Otto II. und Otto III., werden sie die Ottonen genannt.

Herrscherbild Kaiser Ottos III. Die sich demütig nähernden Frauen verkörpern die Länder, die der kaiserlichen Herrschaft unterworfen sind. Unter ihnen befindet sich neben Roma, Gallia und Germania auch Sclavinia - das Slawenland.

DIE SACHSENKÖNIGE IM KAMPF GEGEN DIE SLAWEN

Die Ottonen förderten die Wissenschaften und Künste; am Königshof und in den Klöstern studierte man die klassischen lateinischen Autoren und suchte sie nachzuahmen. So orientierte sich der sächsische Mönch Widukind am Stil des Sallust, als er in der zweiten Hälfte des 10. Jahrhunderts im Kloster Corvey an der Weser seine Sachsengeschichte verfasste. Darin verherrlichte er die Taten der Sachsen unter ihren Königen Heinrich I. (919-936) und Otto I. (936-973), insbesondere die Kämpfe gegen Ungarn und Slawen.

Er erzählt, wie König Heinrich nach einem Friedensschluss mit den Ungarn das Land durch Burgen befestigte und die Einwohner lehrte, sich dorthin zurückzuziehen, wenn Gefahr drohte. In dem dann folgenden Bericht über den Winter 928/29 wird Brandenburg (Brennaburg) zum ersten Mal erwähnt.

Siegel Heinrichs I.:
HEINRICUS REX

Tali lege ac disciplina cum cives assuefaceret, repente irruit super *Sclavos,* qui dicuntur Hevelli, et eos multis
3 proeliis fatigans demum hieme asperrima castris super glaciem positis cepit urbem, quae dicitur Brennaburg, fame ferro frigore.

assuefacere (m. Abl.) – gewöhnen an
irruere, *ruo, rui* super (m. Akk.) – herfallen über
Hevelli – die Heveller
fatigare – ermüden, zermürben   **glacies,** *-ei* f. – Eis

fames, *-is* f. – Hunger

Zwar waren beim Tode König Heinrichs (936) die Völker zwischen Elbe und Oder (Odera) vorläufig unterworfen, aber schon in den ersten Regierungsjahren Ottos I. fiel die Brandenburg wieder den Slawen in die Hände. Die folgenden Abschnitte aus dem Werk Widukinds erzählen von den Aktivitäten des Markgrafen Gero, vom Charakter der Slawen und von dem Hevellerfürsten Tugumir, der sich wahrscheinlich seit der ersten Eroberung der Brandenburg in sächsischer Gefangenschaft befand.

Siegel Ottos I.:
OTTO IMP(erator) AUG(ustus)

Barbari nusquam ab incendio, caede ac depopulatione se abstinebant Geronemque, quem iis rex praefecerat, cum
3 dolo interficere cogitant. Ipse dolum dolo praeoccupans in convivio triginta fere principes barbarorum vino sepultos una nocte extinxit.
6 Sed cum non sufficeret contra omnes nationes barbarorum, ab ipso rege ductus exercitus eos laesit et in ultimam paene calamitatem perduxit. Illi tamen bellum potius quam pacem
9 elegerunt omnem miseriam carae libertati post-ponentes.
Est enim id genus hominum durum et laboris patiens, victu levissimo assuetum, et quod nostris grave onus esse
12 solet, Sclavi pro quadam voluptate ducunt.
Transeunt sane dies plurimi his pro gloria et pro magno latoque imperio, illis pro libertate varie certantibus.

nusquam – nirgends
depopulatio, *-onis* f. – Verheerung   **praeficere,** *-ficio, -feci, -fectum* – als Herrscher bestimmen
dolus – List
praeoccupare (m. Akk.) – einer Sache zuvorkommen
convivium – Gastmahl
sepultus, *a, um* – „zugeschüttet"   **sufficere** – sich behaupten können
paene – fast

assuetus, *a, um* (m. Abl.) – gewöhnt an

varie (hier): – mit wechselndem Kriegsglück

15 Fuit autem quidam Sclavus a rege Heinrico relictus, qui
successione dominus esset eorum, qui dicuntur Hevelli,
dictus Tugumir. Hic pecunia multa captus promisit se pro-
18 dere regionem. Inde quasi occulte elapsus venit in urbem,
quae dicitur Brennaburg, a populoque agnitus et ut dominus susceptus, in brevi, quae promisit, implevit. Nam
21 nepotem suum, qui ex omnibus principibus gentis super-
erat, ad se invitans dolo interfecit urbemque cum omni
regione regi tradidit. Quo facto omnes barbarae nationes
24 usque in Oderam fluvium tributis regiis se subiecerunt.

successio, *-onis* f. – Erbfolge
captus, *a, um* – bestochen
quasi occulte elapsus – als ob er heimlich entwischt wäre
agnitus, *a, um* – anerkannt
implere – erfüllen
nepos, *-otis* m. – Enkel
invitare – einladen
tributum – Abgabe, Tribut

1. Welche Ziele verfolgen nach Widukinds Darstellung die Sachsen in diesem Kampf und welche die Slawen? Lässt sich eine Bewertung der Ziele durch den Autor erkennen?
2. Welchen Zweck könnte Widukind mit den Bemerkungen zur Lebensweise der Slawen verfolgen?
3. Mit welchen sprachlichen Mitteln verbindet der Autor die Sätze untereinander? Wie verdeutlicht er im ersten Text die zeitliche Abfolge der Ereignisse?

In Brandenburg erinnert heute eine Straße an den slawischen Stamm der Heveller.

Bildnis des Markgrafen Gero in der 959 von ihm gestifteten Kirche zu Gernrode (Geronis-roth) am Harz. Die berichtigte Aufschrift lautet GERO DUX ET MARCHIO SAXONUM FUNDATOR HUIUS ECCLESIAE – Gero, Herzog und Markgraf der Sachsen, Gründer dieser Kirche. Der Maler aus der Zeit um 1500 hat den roten brandenburgischen Adler auf den Schild gesetzt.

OTTO I. GRÜNDET DAS BISTUM BRANDENBURG

Nachdem das Land zwischen Elbe und Oder unterworfen war, sollten die Slawen zum Christentum bekehrt werden. Dabei spielten handfeste materielle Interessen eine Rolle, denn jeder, der getauft wurde, musste an die Kirche jährlich den Zehnten, d. h. ein Zehntel seiner Erträge, abführen. 937 gründete Otto der Große ein Kloster in Magdeburg, und elf Jahre später, am 1. Oktober 948, errichtete er in Brandenburg und Havelberg, an der Stelle alter slawischer Fürstensitze, zwei Bistümer (Bischofssitze). Die Urkunde über die Gründung des Bistums Brandenburg (Brendanburg) ist erhalten und befindet sich heute im Brandenburger Domstiftsarchiv.

In nomine sanctae et individuae trinitatis. Otto divina providente clementia rex. Quoniam quidem propagandae fidei amplificandaeque religioni Christianae cunctos indulgere fideles operae pretium novimus, consultu Marini venerabilis praesulis, Romanae legati ecclesiae, nec non Fridurici ac Adaldagi archiepiscoporum aliorumque episcoporum complurium et cari fratris nostri Brunonis procerumque nostri praecipueque Geronis dilecti ducis ac marchionis nostri,

in praedio nostro in *marca* illius sito in terra *Sclavorum* in pago Heveldun in civitate Brendanburg in honorem domini ac salvatoris nostri sanctique Petri apostolorum principis *episcopalem* constituimus sedem, praeferentes ei religiosum *praesulem* Thiatmarum ejdemque conferentes *ecclesiae:* dimidiam partem *praedictae* civitatis *aquilonalem* et dimidiam partem insulae totius *septentrionalem,* in qua civitas eadem habetur constructa, dimidiamque partem omnium *villarum* illuc pertinentium, duas insuper integre civitates cum omnibus suis appendiciis Pricerui et Ezeri nominatas.

Im Namen der heiligen und unteilbaren Dreifaltigkeit. Otto, von Gottes Gnaden König. Da wir es der Mühe für wert erachtet haben, dass alle Gläubigen sich für die Ausbreitung des Glaubens und für die Mehrung der christlichen Religion einsetzen, und auf den Rat des ehrwürdigen Bischofs und Legaten der Römischen Kirche, Marinus, und der Erzbischöfe Friedrich (von Mainz) und Adaldag (von Hamburg) und mehrerer anderer Bischöfe und unseres lieben Bruders Brun und unserer Edlen, besonders unseres verehrten Herzogs und Markgrafen Gero...

praedium – Besitzung
pagus – Gau, Gebiet
Heveldun – Havelland
salvator, *-is* m. – Heiland
apostolus – Apostel
praeferre – an die Spitze stellen
religiosus, *a, um* – gottesfürchtig
conferre – überlassen
dimidius, *a, um* – halb
habetur constructa – gebaut ist
insuper – außerdem
appendicia, *-orum* n. – Zubehör
Pricerui, Ezeri – Pritzerbe, Ziesar

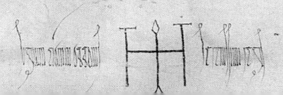

Terminum vero eidem parrochiae constituimus: orientem versus ad flumen Odera et occidentem ac austrum versus usque ad Albiam flumen, ad aquilonem vero usque ad fines provinciarum Vuucri, Riaciani, Dassia; omnem itaque supradictarum decimationem provinciarum praedictae tradentes ecclesiae.

Et ut haec nostra traditio inconvulsa firmitate per omnia succedentium curricula temporum inviolabilisque permaneat, iussimus iam dicto Thiatmaro antistiti hoc praesens conscribi praeceptum manu nostra subtus firmatum anulique nostri impressione roboratum.

Signum domini Ottonis serenissimi regis.

Brun cancellarius advicem Fridurici archicappellani recognovi.

Data kal. octobr. anno incarnationis domini nostri Iesu Christi DCCCCXLVIIII, indictione VI, anno vero regni domini Ottonis invictissimi regis XIIImo; actum Magadaburg; in dei nomine feliciter amen.

Als Grenze aber dieses Bischofsbezirkes haben wir festgesetzt: im Osten den Fluss Oder, im Westen und Süden den Fluss Elbe, im Norden aber das Gebiet der Provinzen Ucker, Rezanen, Dosse. Wir haben dementsprechend den gesamten Zehnten der oben genannten Provinzen der genannten Kirche übertragen.

Und auf dass diese unsere Übertragung unangetastet in ihrer Festigkeit durch alle künftigen Zeitläufte und unverletzlich bestehen bleibe, haben wir befohlen, dass für den schon erwähnten Bischof Thietmar diese vorliegende Urkunde aufgezeichnet werde, durch unsere Hand unten bestätigt und durch den Abdruck unseres Siegelringes bekräftigt.

Zeichen Ottos, des Herrn und erlauchtesten Königs. Ich, Brun, der Kanzler, habe es in Vertretung des Erzkaplans Friedrich beglaubigt.

Gegeben am 1. Oktober im Jahre der Fleischwerdung unseres Herrn Jesus Christus 949, in der 6. Indiktion, im 13. Jahr aber der Regierung Ottos, des Herrn und unbesiegbaren Königs (=948). Geschehen in Magdeburg, im Namen Gottes und mit seinem Segen, Amen.

1. Mit welchen Substantiven werden im Schlussteil (ab Z. 29) der juristische Vorgang und der Texttyp bezeichnet?
2. Übersetzen Sie die untergeordneten Partizipien *praeferentes* (Z. 15) und *conferentes* (Z. 16) als beigeordnete konjugierte Verben nach dem Muster *tradentes* (Z. 27/28) – wir haben übertragen.
3. Nennen Sie Beispiele für die christliche Denkweise, von der der Text getragen ist.

DER GROSSE SLAWENAUFSTAND VON 983

Bischof Thietmar von Merseburg (975-1018), der Verfasser des folgenden Textes, war der Sohn eines sächsischen Grafen. In seiner Chronik, geschrieben zur Zeit Heinrichs II., des letzten Sachsenkönigs, berichtet er, wie sich die Slawen gegen das strenge Regiment des Markgrafen Dietrich (Thiedricus) von Haldensleben, Geros Nachfolger, und gegen die christliche Mission zur Wehr setzten.

Gentes, quae suscepta christianitate regibus et imperatoribus tributarie serviebant, superbia Thiedrici *ducis* oppressae unanimae arma sumpserant. III. Kal. Iulii scelus incipit superato in Havelbergium praesidio deletaque ibi *episcopali cathedra*.

Tribus diebus post *Sclavorum* conspirata manus Brandenburgiensem *episcopatum* prima luce invasit fugiente prius tertio *episcopo* Wolcmero et defensore Thiedrico ac militibus ipsa die vix evadentibus. Clerus ibi capitur et Dodilo, eius sedis episcopus secundus, qui a suis strangulatus tres annos iacuit tum sepultus, e tumulo eripitur et ab avaris canibus praedatur. Omnis *ecclesiae* thesaurus diripitur et sanguis multorum effunditur.

Vice Christi et piscatoris eiusdem venerabilis Petri varia daemoniacae haeresis cultura deinceps veneratur et flebilis haec mutatio non solum a gentilibus, verum etiam a christianis extollitur.

Posteaque monasterium sancti Laurencii martiris in urbe, quae Calwo dicitur, situm desolantes nostros sicuti fugaces cervos insequebantur. Nostra etenim facinora nobis formidinem et his suggerebant validum mentem.

Desolatis tunc omnibus praeda et incendio urbibus ac villis usque ad aquam, quae Tongera vocatur, convenerunt e Sclavis peditum ac equitum plus quam XXX legiones, quae sine aliqua laesione residua quaeque suorum auxilio deorum tunc devastare non dubitarent.

suscepta christianitate – nach Annahme des Christentums
tributarius, *a, um* – abgabenpflichtig
unanimus, *a, um* – einmütig
III. Kal. Iulii – am 29. Juni

conspiratus, *a, um* – verschworen

invadere, *vado, vasi, vasum* – angreifen
Wolcmerus – Folkmar
defensor, *-is m.* – Verteidiger
evadere – entkommen
clerus – Geistlichkeit

strangulare – erdrosseln
tumulus – Grab
avari canes – diese gierigen Hunde
praedare – berauben
thesaurus – Schatz
effundere – vergießen

Anstelle von Christus und seinem ehrwürdigen Fischer Petrus wird nun der buntscheckige Kult der teuflischen Ketzerei gepflegt, und dieser beklagenswerte Wechsel wird nicht nur von Heiden, sondern auch von Christen (Slawen, die schon die Taufe empfangen hatten) gepriesen.
Und danach verwüsteten sie das Kloster des heiligen Märtyrers Laurentius in der Stadt Kalbe und verfolgten unsere Leute wie fliehende Hirsche. Denn unsere Untaten flößten uns Furcht und ihnen Mut ein.
Nachdem damals alle Städte und Dörfer bis zum Fluss Tanger durch Plünderung und Brand verwüstet worden waren, kamen von den Slawen mehr als 30 Legionen an Fußvolk und Reitern zusammen, die nun ohne eigene Verluste alles Übrige mit der Hilfe ihrer Götter bedenkenlos verwüsteten.

Non latuit hoc nostros. Conveniunt episcopi Gisillerus et Hilliwardus cum marchione Thiedrico ceterisque comitibus, Ricdago, Hodone et Binizone, Fritherico, Dudone ac patre meo Sigifrido alisque compluribus, qui ut dies sabbati primo illuxit, missam omnes audiunt, corpus animamque caelesti sacramento muniunt hostesque obvios fiducialiter irrumpentes paucis in unum collem effugientibus prosternunt.

Laudatur a victoribus in cunctis deus mirabilis operibus approbaturque veredicus Pauli doctoris sermo: non est prudentia neque fortitudo nec consilium adversus Dominum. Derelicti sunt, qui prius Deum spernere praesumpserunt idolaque manufacta et prorsus inania creatori suo stulti praeposuerunt.

Appropiante tunc nocte nostrisque a longe castra metantibus hi, quos supra memoravi, furtim pro dolore evasere. Omnes autem nostri exceptis tribus crastino gaudentes remeabant applaudentibus cunctis, quos obviam habuere vel domi invenere.

Das blieb unseren Leuten nicht verborgen. Die Bischöfe Giseler und Hildeward treffen sich mit dem Markgrafen Dietrich und den übrigen Grafen: Rikdag, Hodo, Binizo, Friedrich, Dudo und meinem Vater Siegfried und mehreren anderen. Sie hören, als das Licht des Samstags angebrochen ist, zusammen die Messe, stärken Körper und Seele durch das himmlische Sakrament, stürzen sich mit Zuversicht auf die entgegenkommenden Feinde und strecken sie nieder; nur wenige entkommen auf einen Hügel.

Von den Siegern wird Gott gelobt, der in allen seinen Werken wunderbar ist, und es bestätigt sich das wahrhaftige Wort des Paulus, der uns lehrt: „Es hilft keine Weisheit, kein Verstand, kein Rat wider den Herrn." Verlassen wurden die, die vordem sich anmaßten, Gott zu schmähen, und selbstgeformte und völlig nichtige Bilder töricht ihrem Schöpfer vorzogen.

Als dann die Nacht nahte und unsere Truppen weiter entfernt das Lager aufschlugen, sind die, von denen ich oben berichtete, bedauerlicherweise heimlich entkommen. Unsere Leute aber kehrten alle bis auf drei am nächsten Tag fröhlich zurück unter dem Beifall aller, die ihnen entgegenkamen oder sie zu Hause erwarteten.

1. Wie bewertet Thietmar die Handlungsweise der Sachsen im Vorfeld des Aufstandes und wie beurteilt er die Reaktion der Slawen?
2. Wo wird durch die Wortwahl eine eindeutige Parteinahme deutlich?
3. In Thietmars Geschichtsbild besitzt das Einwirken göttlicher Mächte einen hohen Stellenwert. Wie stellt er deren Einfluss auf den Kriegsverlauf dar?
4. Die Übersetzung der im vorletzten Absatz zitierten Bibelstelle (aus den Sprüchen Salomos, 21, 30; nicht, wie angegeben, von Paulus) stammt von Martin Luther. Wie würden Sie den Satz mit eigenen Worten übersetzen?

Der Havelberger Dom (begonnen um 1150) auf einer Anhöhe am Havelufer

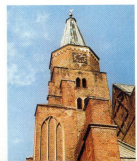

Der Turm des Brandenburger Doms (begonnen 1165)

DER KÖNIG VERSCHENKT, WAS ER NICHT HAT

Trotz des von Thietmar beschriebenen Sieges über die Slawen mussten die Gebiete östlich der Elbe aufgegeben werden, und alle Versuche, sie zurückzugewinnen, scheiterten. 993 gelang es den Truppen Ottos III. zwar, die Brandenburg für einige Zeit wieder in die Gewalt der Sachsen zu bringen, nicht aber Potsdam und Geltow (Poztupimi et Geliti), die der damals dreizehnjährige König am 3. Juli desselben Jahres gleichwohl seiner Tante Mathilde, der Äbtissin von Quedlinburg (Quitiliniburgensis), schenkte. Die Rückeroberung der beiden Orte, die bei dieser Gelegenheit zum ersten Mal urkundlich erwähnt werden, sollte erst mehr als 150 Jahre später gelingen.

In nomine *sanctae et individuae trinitatis.* Otto divina favente clementia rex.

3 Nos ob votum dilectae aviae nostrae, Adalheidis imperatricis, carae amitae nostrae Mathhildi, Quitiliniburgensis *ecclesiae abbatissae,*

6 dedimus de nostra proprietate duo loca Poztupimi et Geliti dicta in provincia Hevellon vocata et in insula Chotiemuizles sita atque eadem loca cum

9 omnibus utensilibus a nostro iure in suum ius perpetualiter habenda transtulimus,

ea videlicet ratione, ut eadem iam dicta Mathhild

12 amabilis abbatissa, cara amita nostra, de praefata proprietate sibi a nobis tradita liberam dehinc faciendi quod velit potestatem habeat, sive eam tra-

15 dere vel commutare aut vendere seu magis sibi retinere voluerit.

Et ut haec nostra donatio praesenti ac futuro tem-

18 pore firma consistat, hoc praeceptum inde conscriptum sigilli nostri impressione signare iussimus manuque propria, ut infra videtur, corroboravimus.

21 signum domini Ottonis, gloriosissmi regis.

Hildibaldus episcopus et cancellarius vice Uuilligisi archiepiscopi recognovi.

24 Datum V. Nonas Iulii anno dominicae incarnationis DCCCCXCIII, indictione VI., anno autem tertii Ottonis regnantis decimo. Actum Mersaburg feliciter.

divina favente clementia – von Gottes Gnaden
avia – Großmutter
imperatrix, *-icis* f. – Kaiserin
amita – Tante

proprietas, *-atis* f. – Eigentum

utensilia, *-ium* n. – Dazugehöriges
perpetualis, *e* - ewig

... und zwar in der Weise, dass die schon genannte verehrte Äbtissin Mathilde, unsere liebe Tante, fortan die freie Verfügungsgewalt über besagtes Eigentum, das ihr von uns übertragen worden ist, haben soll, damit zu machen, was sie will, sei es, dass sie es weitergeben oder eintauschen oder verkaufen oder lieber für sich behalten will.
Und damit diese unsere Schenkung in gegenwärtiger und zukünftiger Zeit festen Bestand habe, haben wir diese darüber ausgefertigte Urkunde mit dem Abdruck unseres Siegels zeichnen lassen und haben sie mit eigener Hand, wie unten sichtbar, bekräftigt.
Zeichen Ottos, des Herrn und ruhmreichsten Königs.
Ich, Hildibald, der Bischof und Kanzler, habe es in Vertretung des Erzbischofs Willigis beglaubigt.
Gegeben am 3. Juli, im Jahre der Fleischwerdung des Herrn 993, in der 6. Indiktion, im 10. Jahre der Herrschaft Ottos III.
Geschehen mit Gottes Segen in Merseburg.

1. Für welchen Zeitraum soll die Verfügung gelten?
2. Mit welchen Verben und Substantiven wird der Schenkungsakt bezeichnet?
3. Wie kommt die Mitwirkung Ottos zum Ausdruck?
4. Welche inhaltlichen und formalen Gemeinsamkeiten haben die Urkunden über Brandenburg (S. 10/11) und Potsdam?

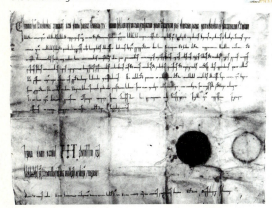

Die Schenkungsurkunde vom 3. Juli 993

Die Stiftskirche in Quedlinburg, begonnen nach 1070
(Foto: AKG, Berlin)

10-DM-Münze zur 1000-Jahr-Feier der Stadt Potsdam 1993 (der Schriftzug „Potztupimi" entstammt der Urkunde)

Topographische Karte der Umgebung von Berlin, Potsdam und Spandau von 1780 (Ausschnitt). Das Gebiet, in dem Potsdam (an einem natürlichen Übergang über die Havel) und Geltow liegen, ist fast vollständig von Wasser umgeben.

DIE MARK BRANDENBURG 1375

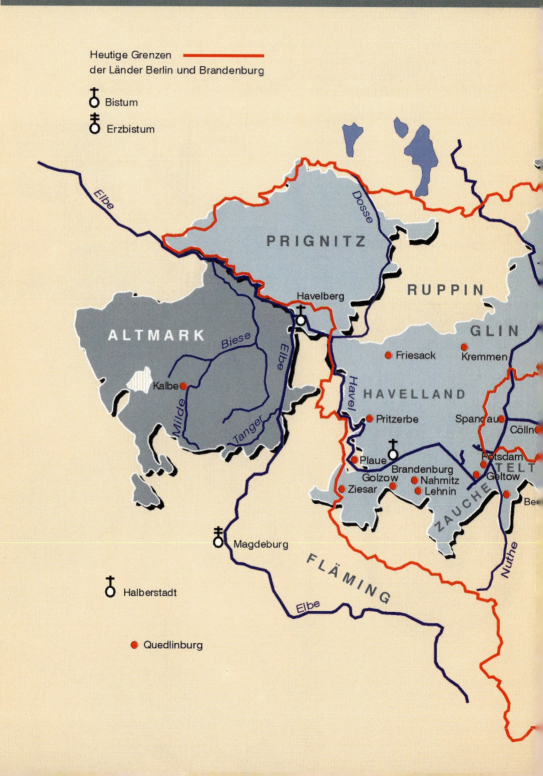

ALBRECHT DER BÄR WIRD MARKGRAF VON BRANDENBURG

Während alle bisherigen Nachrichten über die Gebiete östlich der Elbe von außerhalb kamen, beginnt im 12. Jahrhundert auch die Geschichtsschreibung in diesen Gebieten selbst. In den Bistümern wurden Listen mit Namen und Amtsdauer der Bischöfe geführt, bald notierte man auch die wichtigsten Ereignisse während ihrer Amtszeit. Der folgende Abschnitt über einen Kreuzzug gegen die Slawen und die anschließenden Vorgänge in Brandenburg stammt aus der Brandenburger Bischofs-Chronik, die um die Mitte des 13. Jahrhunderts von einem unbekannten Verfasser unter Verwendung älterer Quellen geschrieben wurde.

Wiggerus, tertius decimus Brandenburgensis *episcopus*, coepit 1139, sedit in *cathedra* annis 21, menses 4, dies 17,
3 mortuus est 1161. Hic anno domini 1147 cum Frederico, Magdeburgensi episcopo, et Anselmo, Havelbergensi episcopo, et aliis accepta cruce contra *paganos* profectus est, et
6 multos ad *fidem christianam* converterunt et baptizaverunt. Tum fuit in Brandenburg rex Henricus, qui *slavice* dicebatur Pribislaus. Qui christianus factus *idolum* cum tribus
9 capitibus, quod Triglav dicebatur et pro deo colebatur, et alia idola destruxit. *Idolatriam* gentis suae detestans, cum filium non haberet, Albertum *marchionem*, dictum
12 Ursum, heredem instituit sui principatus.
Demum idem princeps confectus senectute moritur. Uxor vero sua Petrissa prudenter agens viri corpus inhumatum
15 per triduum occultavit, cum mallet principatum theutonicis christianis tradere quam cultoribus idolorum. Nuntiavit igitur Alberto, ut veniat et principatum Brandembur-
18 gensem ad-sumat. Quod audiens Jacze, *dux* Poloniae, avunculus dicti regis, valido exercitu *castrum* Brandemburg, quod iam Albertus tenuit, custodibus mercede cor-
21 ruptis occupavit. Albertus vero Ursus, Wichmanni Magdeburgensis *archiepiscopi* et nobilium aliorum fretus auxilio, castrum recuperavit hoc anno, *videlicet* 1157, III.
24 idus Junii.

crux, *crucis* f. – Kreuz
convertere, *verto, verti* – hier: bekehren
baptizare – taufen
Henricus – Heinrich

christianus – Christ

destruere, *struo, struxi, structum* – zerstören
detestari – verdammen
Albertus – Albrecht
ursus – Bär
heres, *-edis* m. – Erbe

inhumatus, *a, um* – unbestattet
per triduum – drei Tage lang
principatus, *-us* m. – Herrschaft
theutonicus, *a, um* – deutsch
cultor, *-is* m. – Verehrer

Polonia – Polen
avunculus – Onkel

merces, *-edis* f. – Belohnung

fretus, *a, um* (m. Abl.) – auf etwas vertrauend
recuperare – wiedergewinnen
III. idus Junii – am 11. Juni

1. Wodurch wird deutlich, dass der Text einer Chronik entnommen ist?
2. Welche Motive für das Handeln von Pribislaw-Heinrich und Petrissa werden genannt?
3. Wenn Sie etwas über das weitere Schicksal Jaczes erfahren wollen, lesen Sie die Sage auf S. 32.

Albrecht „der Bär", geboren um 1100, entstammte der Familie der Askanier, einem Fürstengeschlecht aus der Harzgegend. Im Jahre 1134 war er Markgraf der Nordmark geworden - dieses Territorium gehörte zu den einst von Markgraf Gero verwalteten Gebieten. Durch die Erbschaft Pribislaws und den erfolgreichen Kampf gegen Jacze konnte er seine Macht im Havelland stärken und nannte sich von da an „Markgraf von Brandenburg". Seine Bemühungen, neue Siedler in das dünnbesiedelte Land zu holen, schildert Helmold von Bosau in seiner „Chronica Slavorum" (entstanden 1163-1172). Helmold gehörte wie Widukind und Thietmar dem geistlichen Stand an - er war Pfarrer in Holstein - und hatte die Auseinandersetzungen mit den Slawen selbst miterlebt.

In tempore illo *orientalem Slaviam* tenebat Adelbertus *marchio,* cui cognomen erat Ursus. Omnem terram Briza-
3 norum, Stoderanorum multarumque gentium habitantium iuxta Habelam et Albiam misit sub iugum. Deficientibus sensim *Slavis* misit Traiectum et in loca ad Rhenum sita,
6 praeterea ad eos qui habitant iuxta oceanum, *videlicet* Hollandros, Selandros, Flandros, et adduxit ex eis populum multum et habitare eos fecit in urbibus et oppidis Sla-
9 vorum. Et confirmatus est introitu advenarum *episcopatus* Brandenburgensis et Havelbergensis, cum multiplicarentur ecclesiae et cresceret decima.

Brizanen, Stodoranen: slawische Stämme

iuxta (m. Akk.) – neben, an
Habela, Albia – Havel, Elbe
sensim – allmählich
Traiectum – Utrecht
Rhenus – Rhein

Hollandri, Selandri, Flandri – Holländer, Seeländer, Flamen

introitu advenarum – durch den Zuzug der Ankömmlinge

ecclesia (hier): Kirchengemeinde
decima – Zehnt

1. Schildern Sie die Bevölkerungspolitik Albrechts mit eigenen Worten.
2. Welchen Anteil am Geschehen misst Helmold dem Fürsten zu, welchen den Siedlern? Beachten Sie die Wahl der Verben.
3. Nach den zugewanderten Flamen wurde ein Höhenzug, der Fläming, benannt. Kennen Sie in Ihrer Gegend andere Namen von Orten, Stadtvierteln oder Straßen, die an eingewanderte Bevölkerungsgruppen erinnern?

Silbermünze des Hevellerfürsten Pribislaw – HEIN(ricus) BRAND(enburgensis) – und seiner Frau Petrissa

Silbermünze Albrechts des Bären und seiner Gemahlin, sog. Hochzeitsbrakteat: ADELBERT(u)S MARCHIO

Silbermünze des Slawenfürsten Jacze von Köpenick: IACZA DE COPNIC

DAS KLOSTER LEHNIN

Albrecht der Bär starb am 18. November 1170. Sein ältester Sohn Otto konnte die gewonnenen Machtpositionen weiter ausbauen. Eine seiner Maßnahmen war die Gründung des Klosters Lehnin, das er mit Mönchen des Zisterzienserordens besetzte. Dieser Orden, gegründet 1098 in Cîteaux durch Robert von Molesme, hatte sich nicht nur ein einfaches und frommes Leben zum Ziel gesetzt, sondern auch die Ausbreitung des Christentums und die Urbarmachung des Landes. Die legendenhafte Gründungsgeschichte stammt von dem böhmischen Chronisten Pulkawa, der sie wahrscheinlich der Brandenburger Bischofs-Chronik entnommen hat.

Anno 1180 primus Otto, filius Alberti, in loco, ubi nunc est *monasterium* Lenyense Cisterciensis ordinis, post venatio-
3 nem quiescens in meridie solus suis militibus venationibus occupatis vidit in somno quandam cervam non permitten-
tem eum dormire; quam iaculo statim interfecit.
6 Expergefactus vero somnium militibus narravit. Ad quod quidam ex illis dixerunt hunc locum esse aptum ad monasterium construendum, quidam vero dixerunt, *castrum*
9 debere construi contra *Slavos paganos* et crucis inimicos. Princeps vero respondit ad haec: „Castrum in hoc loco fun-
dabo, a quo hostes diabolici per virorum spiritualium pre-
12 ces fugabuntur, et in quo diem novissimum exspectabo securus." Et statim mittens ad *abbatem* in Sedekenbecke
Cisterciensis ordinis rogavit, ut fratres nonnullos destinaret
15 ad eum locum, et imposuit nomen monasterio Lenyn, quod *slavonico* vocabulo „Lanye", id est „cerva" dicitur.

ordo, *-inis* m. – Mönchsorden
venatio, *-onis* f. – Jagd
quiescere, *quiesco, quievi* – ruhen   **meridies**, *-ei* m. – Mittag   **cerva** – Hirschkuh
dormire – schlafen
iaculum – Jagdspieß
expergefieri – erwachen
somnium – Traum

crux, *crucis* f. – Kreuz

fundare – gründen
diabolicus, *a, um* – teuflisch
spiritualis, *e* – geistlich
fugare – verjagen   **dies novissimus** – der jüngste Tag   **securus**, *a, um* – sorglos   **Sedekenbecke** – Sittichenbach   **destinare** – bestimmen

Tafelgemälde aus Lehnin mit der Darstellung der Sieboldlegende, um 1400

Theodor Fontane widmete dem Kloster Lehnin einen längeren Abschnitt in seinen „Wanderungen durch die Mark Brandenburg". Folgendes liest man dort über Sibold, den ersten Abt von Lehnin:

„Abt Sibold und seine Mönche gingen oft über Land, um in den umliegenden Dörfern zu predigen und die wendischen Fischerleute, die zäh und störrisch an ihren alten Götzen festhielten, zum Christentum zu bekehren."

Als Sibold einmal in Begleitung eines einzigen Mönches in dem Dorf Nahmitz rastet, bringt er durch ein unglückliches Missverständnis die slawischen Bewohner gegen sich auf.

„Der bittre Groll, den das Wendentum gegen die deutschen Eindringlinge unterhielt, brach jetzt in helle Flammen aus. Mit wildem Geschrei stürzten alle ins Dorf, umstellten das Haus und drangen auf den Abt ein, der sich samt seinem Begleiter durch die Flucht zu retten suchte. Der nahe Wald bot vorläufig Schutz, aber die verfolgenden Dörfler waren ausdauernder als der ältliche und wohlbeleibte Abt, der es endlich vorzog, einen Baum zu erklettern, um, gedeckt durch das dichte Laubgebüsch desselben, seinen Verfolgern zu entgehen. Der Mönchsbruder eilte inzwischen voraus, um Hülfe aus dem Kloster herbeizuholen. Abt Sibold schien gerettet, aber ein Schlüsselbund, das er beim Erklettern des Baumes verloren hatte, verriet sein Versteck und brachte ihn ins Verderben. Wohl kamen endlich die Mönche und beschworen den tobenden Volkshaufen, von seinem Vorhaben abzulassen. Der Abt selbst, aus seinem Versteck heraus, versprach ihnen Erlaß des Zehnten, dazu Feld und Heide - aber die wilden Bursche bestanden auf ihrer Rache. Sie hieben, da der Abt sich weigerte herabzusteigen, die Eiche um und erschlugen endlich den am Boden Liegenden."

Die Mönche wollten daraufhin das Kloster verlassen, als ihnen die Heilige Jungfrau Maria erschien und sie durch die Worte „Redeatis! Nihil deerit vobis", zum Bleiben veranlasste.

Im Querschiff der Lehniner Kirche hängt bis diesen Tag ein altes Bild von etwa drei Fuß Höhe und fünf Fuß Länge, auf dem wir in zwei Längsschichten oben die Ermordung des Abtes, unten den Auszug der Mönche dargestellt finden. Vor dem Munde der Maria schwebt der bekannte weiße Zettel, auf dem wir die schon oben zitierten Worte lesen: „Redeatis, nihil deerit vobis." Rechts in der Ecke des Bildes bemerken wir eine zweite lateinische, längere Inschrift, die da lautet:

Anno milleno centeno bis minus uno Sub patre Roberto coepit Cistertius ordo. 3 Annus millenus centenus et octuagenus Quando fuit Christi, Lenyn, fundata fuisti Sub patre Seboldo, quam Marchio contulit Otto 6 Brandenburgensis; Aprilis erat quoque mensis. Hic iacet ille bonus marchravius Otto, patronus Huius ecclesiae. Sit, precor, in requie. 9 Hic iacet occisus prior abbas, cui paradisus Iure patet, slavica quem stravit gens inimica.	Im Jahre 1098 entstand unter dem Pater Robert der Zisterzienserorden. Als das Jahr 1180 nach Christus kam, wurdest du, Lehnin, unter dem Pater Sibold gegründet, Markgraf Otto von Brandenburg stattete dich aus, es war im Monat April. Hier liegt jener gute Markgraf Otto, der Patron dieser Kirche. Er ruhe in Frieden, so bete ich. Hier liegt der erschlagene erste Abt, dem zu Recht das Paradies offensteht, ihn streckte das feindliche slawische Volk nieder.

ERWEITERUNG DER LANDESHERRSCHAFT

In der Folgezeit erweiterten die Brandenburger Markgrafen ihr Herrschaftsgebiet durch Erwerbungen und gewaltsame Eroberungen zu einem der größten deutschen Fürstentümer. Besonders erfolgreich betrieben diese Politik die Brüder Johann I. und Otto III. (1220-1266/67). Dabei konnten Konflikte mit den Nachbarn nicht ausbleiben. Der folgende Abschnitt aus der Brandenburger Bischofs-Chronik beschreibt den Streit mit dem Markgrafen Heinrich von Meißen (Hinricus marchio Misnensis) um Mittenwalde (Middenwalde) und Köpenick (Coppenik), die beiden wichtigsten Burgen im Osten der Landschaft Teltow.

Temporibus Wilbrandi, *archiepiscopi* Magdeburgensis, cum Hinricus *marchio* Misnensis marchioni Johanni de
3 Brandeburg fecerat quaestionem super *castris* Coppenik et Middenwalde, marchio Johannes rogavit archiepiscopum, ut inter eos faceret pacem, et utrumque castrum in
6 manum suam dedit, ut ea tam diu in sua potestate teneret, dum ipsos ad concordiam reformaret. Qui archiepiscopus pace non reformata marchioni Misnensi castra
9 resignavit, unde bella maxima orta sunt. Nam marchio Misnensis totam novam terram usque in Struzberg rapinis et incendiis devastavit.
12 Et anno domini 1240, cum marchiones Brandeburgenses cum hominibus terrae suae resisterent Misnensi circa Coppenik et Middenwalde, archiepiscopus manu valida
15 *marchiam* Brandeburg invadens resedit super Besam. Quod intelligens Johannes marchio, relicto fratre suo contra Misnensem, cum his paucis, quos habere poterat,
18 nocte et die equitans occurrit celeriter, et cum paucis militibus clavis et arcibus armatis proelium commisit. Et Domino victoriam tribuente alii submersi sunt in Besa, alii
21 occisi, alii captivi abducti. Archiepiscopus vulneratus vix effugit in castrum Calve. Et deinde fama fratrum crevit, et qui prius eis servire pro stipendio noluerunt, nunc se gra-
24 tiis ad serviendum obtulerunt.

quaestionem facere (m. Dat.) – Ansprüche geltend machen gegenüber

reformare – zurückführen, wiederherstellen
resignare – zusprechen

Struzberg – Strausberg
devastare – verwüsten

invadere – angreifen
residere, -sido, -sedi, -sessum super – sich festsetzen bei
Besa – die Biese (Fluss)

equitare – reiten
clava – Keule
arcus, -us m. – Bogen
armatus, *a, um* – bewaffnet
submergi, *mergor, mersus sum* – ertrinken
captivus – der Gefangene

Calve – Kalbe an der Milde

stipendium – Sold
gratiis – unentgeltlich

1. Erscheint der Bericht sachlich neutral oder wird das Handeln einer Partei positiv hervorgehoben?
2. Welche Möglichkeiten der Konfliktbewältigung werden im Text dargestellt?
3. Der Erzbischof von Magdeburg war für die Aufgabe, die ihm Johann I. zugedacht hatte, nicht der Richtige, da er eigene territoriale Ziele in der Mark verfolgte. Vergleichen Sie dazu die Kartenskizze.

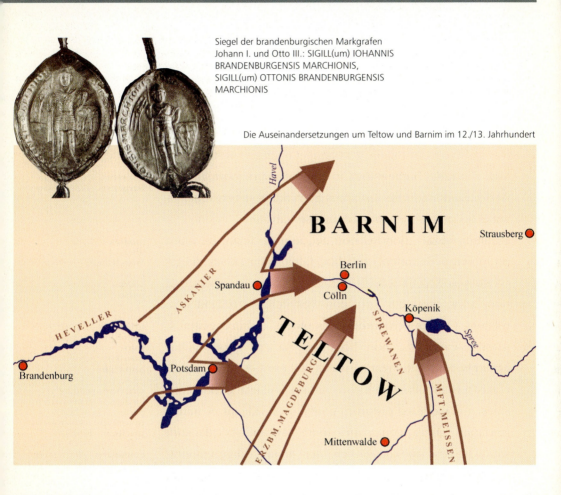

Siegel der brandenburgischen Markgrafen Johann I. und Otto III.: SIGILL(um) IOHANNIS BRANDENBURGENSIS MARCHIONIS, SIGILL(um) OTTONIS BRANDENBURGENSIS MARCHIONIS

Die Auseinandersetzungen um Teltow und Barnim im 12./13. Jahrhundert

Schloss Köpenick, errichtet ab 1677 auf einer Insel am Zusammenfluss von Dahme und Spree, wo vorher die askanische Burg stand

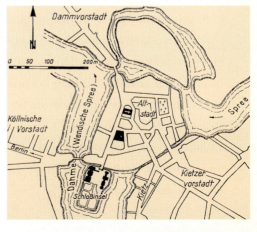

Plan von Köpenick mit der gut geschützt auf einer Insel gelegenen Altstadt

FRANKFURT ÜBERNIMMT DAS BERLINER STADTRECHT

Als nächstes wandten die Markgrafen ihren Blick nach Osten, auf das Land Lebus, das den Herzögen von Polen gehörte. 1252/53 wurde es zwischen den Brandenburgern und dem Erzischof von Magdeburg geteilt, und Markgraf Johann gründete in seinem Teil, an einem Übergang über die Oder, am 12. Juli 1253 die Stadt Frankfurt (Vrankenforde). Nach Ablauf der ersten sieben Jahre erhielt sie dasselbe Stadtrecht wie Berlin, das sein Stadtrecht von Brandenburg übernommen hatte. Dieser Rechtsakt ist in der folgenden Urkunde festgehalten. Sie lässt auch Rückschlüsse auf die Verhältnisse in der Stadt Berlin zu, für die sich kein entsprechendes Schriftstück erhalten hat. Das Siegel der Urkunde ist das älteste bekannte Berliner Siegel überhaupt; es zeigt als Wappentier den brandenburgischen Adler, noch nicht den Berliner Bären.

Viris discretis, burgensibus in Vrankenvorde, *consules* in Berlin. Sicut traditum servamus a Brandenburgensibus, ita
3   vobis ad preces vestras tradimus servandum.
Modium falsum, pondus non aequum et ulnam iniustam prohibemus. Is autem, qui hoc falso habuerit, in poena
6   consulibus XXXVI solidos persolvet. Consules autem, qui nunc sunt, sequentis anni consules deligere habent potestatem. Omnes vero exercentes officia, *videlicet* pistores,
9   sutores, carnifices, non liceat eis habere quod dicitur **inninchge** in civitate, nisi consules voluerint et permiserint. Magistri etiam pistorum a consulibus statuantur et duo con-
12 sules cum magistris pistorum panem praevideant. Si minus laudabilis cuiusquam panis fuerit, secundum placitum suum statuere possunt. Si vero nec sic emendare voluerit,
15 quinque solidos in poena consulibus persolvet. Pistores vero grossum panem pistantes in die forensi in mensis suis libere vendant, sed per ebdomadam hoc prohibemus.
18 Pannum etiam malum et falsam lanam et fila falsa consules per incendium delere habent potestatem. Similiter qui falsa emptione seu venditione meruit sedere in sede,
21 quae dicitur **scupstol**, iudicio consulum subiacebit. Similiter et de lapidibus, quos mulieres pro excessibus suis ferant, consules iudicabunt.
24 Ut autem haec nostra traditio stabilis permaneat, praesentem paginam inde conscribi et sigillo civitatis nostrae decrevimus roborari.

discretus, *a, um* – erlaucht
burgensis, *-is* m. – Bürger

modius – Scheffel
ulna – Elle
falso habere – betrügerisch handhaben
solidus – Gulden
persolvere – zahlen

officium – Handwerksberuf
pistor, *-is* m. – Bäcker
sutor, *-is* m. – Schuster
carnifex, *-ficis* m. – Fleischer
inninchge – Innung
magistros statuere – Innungsmeister einsetzen
panis, *-is* m. – Brot
praevidere – kontrollieren
placitum – Ermessen
emendare – (ver)bessern

grossus, *a, um* – groß
pistare – backen
dies forensis – Markttag
mensa – Stand auf dem Markt **per ebdomadam** – in der Woche **pannus** – Tuch **lana** – Wolle
filum – Faden, Garn
emptio, *-onis* f. – Kauf
venditio, *-onis* f. – Verkauf
scupstol – Schupfstuhl, Schandkorb
subiacere – unterliegen
lapis, *-idis* m. – Stein
excessus, *-us* m. – Verfehlung
traditio, *-onis* f. – Übertragung
pagina – Seite
sigillum – Siegel
roborare – bekräftigen

1. Von welchen Personengruppen ist in der Urkunde die Rede? Wogegen wenden sich die Verordnungen?
2. Suchen Sie die drei von dem Wort *ius* abgeleiteten Begriffe aus dem Text heraus.
3. Auf welche lateinischen Wörter des Textes lassen sich folgende deutsche Wörter zurückführen: diskret, falsch, Pfund, Pein, Lizenz, Meister, Statut, forensisch, Exzess, Tradition, stabil, Siegel, Dekret? Worauf gehen die folgenden englischen Wörter zurück: *city, pound, page*?
4. Ermitteln Sie mit Hilfe eines Lexikons den Unterschied zwischen Fremd- und Lehnwörtern und versuchen Sie, die genannten Wörter jeweils einer der beiden Gruppen zuzuordnen.
5. Andererseits finden sich in dem lateinischen Text zwei deutsche Wörter: *inninghe* (Innung, Zunft) und *scupstol* (Schupfstuhl, Schandkorb; ein erhöht auf Pfeilern ruhender Käfig, in dem der Übeltäter zur Schau gestellt oder aus dem er hinunter-„geschubst" wurde). Warum sind diese Wörter beibehalten worden?
6. Vergleichen Sie die beiden Berliner Siegel. Was bleibt gleich, was ändert sich?

Grabstein des Ratsherrn Conrad von Belitz, ältester erhaltener Berliner Grabstein. Er trägt die Aufschrift: ANNO DOMINI MCCCVIII XV K(a)L(endis) MAII O(biit) CONRADUS DE BELIS CUIUS ANIMA REQ(u)IESCAT IN PACE A(men). Dadurch, dass die Ratsherren ihre Nachfolger selbst bestimmten, wurden die Ratsherrenstellen nur von den Mitgliedern weniger Familien, dem städtischen Patriziat, bekleidet. Ein Ratsherr konnte nach einem Jahr wiedergewählt werden und übte so sein Amt meist auf Lebenszeit aus.

Die Frankfurter Urkunde mit dem ältesten Berliner Siegel

Schandsteine aus Dahme, 16. Jh. Die Übeltäter, meist Frauen, mussten mit den Steinen am Hals eine bestimmte Strecke, z.B. von einem Stadttor zum anderen, zurücklegen.

Das älteste Berliner Siegel mit der Umschrift SIGILLUM DE BERLIN BURGENSIUM – Siegel der Bürger von Berlin

Verändertes Berliner Siegel (seit 1280) mit der Umschrift SIGILLUM BURGENSIUM DE BERLIN SUM – Ich bin das Siegel der Bürger von Berlin.

BERLIN UND DIE MARK BRANDENBURG IM 14. JAHRHUNDERT

In unmittelbarer Nachbarschaft Berlins, an demselben für den Handelsverkehr wichtigen Spreeübergang, befand sich die Stadt Cölln (Colonia). Sie wird 1237 erstmalig in einer Urkunde erwähnt, Berlin erst sieben Jahre später. Am 20. März 1307 schlossen sich die beiden Städte zu einer Union zusammen, die vom Markgrafen Hermann bestätigt wurde. Dieses und andere Ereignisse aus der ersten Hälfte des 14. Jahrhunderts erfahren wir aus dem folgenden Abschnitt einer Berliner Chronik, deren Verfasser nicht namentlich bekannt ist. Es lässt sich beobachten, wie das Deutsche als Schriftsprache allmählich das Lateinische verdrängt.

A. 1307. Hoc anno Hermannus *marchio* sic univit et concordavit cives in Berlin et Colonia, quod singulis annis
3 duae partes *consulum* ex civitate Berlin et tertia pars ex civitate Coloniensi deligantur; item in duabus civitatibus debent singulis annis deligi septem scabini, *videlicet* quat-
6 tuor ex Berlino et tres ex Colonia. Datum Spandoviae feria secunda post diem palmarum.

A. 1309. Hoc anno **ist groß rauben, morden und brennen in**
9 **der Marck gewesen.** Unde etiam multi malefici spoliorum causa sunt decapitati, multi proscripti. **Verbündniß wider die Räuber und Mordbrenner.**

12 A. 1328. Hoc anno **hat Churfürst Ludwig die Städte Berlin und Cöln mit den Zöllen zu Wasser und Lande** priveligiret. Actum **am heiligen Frohnleichnamstage.**

15 A. 1335. **In diesem Jahr haben die Bürger zu Berlin und Cöln Herrn Nicolaum, Probst von Bernow, in ihrer Pfarrkirchen erschlagen. Diesen Probst haben etliche Berliner und Cölnische**
18 **Bürger, nach dem sie allerhand loß Gesindel an sich gezogen, in einem öffentlichen Jahrmarckt auf seiner Herberge mit Gewalt genommen, und in solchem rasenden Muth auf den neuen**
21 **Marckt geschleppet, und allda mit einem großen angesteckten Feuer verbrannt.**

unire – vereinen
concordare – vereinigen

scabinus – Schöffe

Spandovia – Spandau
feria – Wochentag
dies palmarum: Sonntag vor Ostern

maleficus – Übeltäter
spolia, -orum n. – Raub
decapitare – enthaupten
proscribere, *scribo, scripsi, scriptum* – ächten

1. Leiten Sie folgende Wörter aus Ihnen bekannten Bestandteilen ab: *unire, concordare, maleficus, decapitare*.
2. Suchen Sie alle Ortsnamen aus dem Text heraus. Welche enthalten lateinische Formenmerkmale?

Sühnekreuz vor der Berliner Marienkirche, errichtet 1335. Der Probst wurde, anders als in der Chronik angegeben, schon 1324 erschlagen. Berlin und Cölln wurden dafür vom Papst mit dem Kirchenbann belegt - es durften keine Taufen, Eheschließungen und kirchlichen Begräbnisse vorgenommen werden und niemand durfte mit den Städten Handel treiben. Der Bann wurde erst 1345 wieder aufgehoben.

Das 14. Jahrhundert war eine unruhige Zeit für die Mark. 1319 war der letzte askanische Markgraf kinderlos gestorben. Die folgenden Markgrafen, z. B. der im vorigen Text erwähnte Ludwig, kamen aus dem bayrischen Fürstengeschlecht der Wittelsbacher. Der Tod des Probstes von Bernau spiegelt die Machtkämpfe dieser Zeit wieder - er hatte gegen die neuen Herren gepredigt. Auch deren Herrschaft war nicht von Dauer. 1373 verzichteten sie auf die Mark zugunsten des böhmischen Königs und deutschen Kaisers Karl IV. und seiner Söhne. Dieser ließ 1375 in einem „Landbuch" alle Städte, Dörfer, Schlösser und Klöster der Mark zusammen mit ihrem Grundbesitz und ihren Einkünften auflisten, um sich eine Übersicht über die Besitzverhältnisse zu verschaffen.

Marchia Brandenburgensis est archiprincipatus in inferiore Almania sita, continens in suis limitibus *episcopatum*
3 Camynensem, Brandenburgensem, Havelbergensem et Lubucensem. Cuius quidem marchiae finitimi sunt:
Versus meridiem regnum Bohemiae. Versus *occidentem*
6 Westfalia et aliae partes Reni inferiores. Versus *septentrionem* partes maritimae circa mare *septentrionale*. Versus autem *orientem* Prusia et Poloniae regnum.
9 Flumina per marchiam fluentia clariora sunt: Albea, Odera, Drawa, Warta, Sprewa, Obula.
Marchia Brandenburgensis dividitur primo in tres partes
12 principales, *videlicet* in marchiam Transalbeanam, Transoderanam et Mediam. Marchia Transalbeana alio nomine Antiqua marchia dicitur et est pars marchiae Brandenburgensis, tendens versus *occidentem* usque ad *ducatum*
15 Brunswicensem. Marchia media est inter Albeam et Oderam sita, et quia magna est, subdividitur in novem territoria.

archiprincipatus, *-us* m. – Kurfürstentum
inferior, *ius* – untere
Camynensis, *e* – von Cammin
Lubucensis, *e* – von Lebus
Bohemia – Böhmen
partes, *-ium* f. – Gebiete
Renus – Rhein
maritimus, *a, um* – Meeres-
Prusia – Preußen
Polonia – Polen
Albea, Odera, Drawa, Warta, Sprewa, Obula – Elbe, Oder, Drage, Warthe, Spree, Havel
principalis, *e* – Haupt-
tendens – sich erstreckend
Brunswicensis, *e* – Braunschweiger

1. Die neun Landschaften sind: Lebus, Barnim, Zauche, Teltow, Havelland, Glin, Prignitz, Uckermark und die Grafschaft Lindow (Ruppin). Suchen Sie diese auf der Karte (S. 16/17) auf und ermitteln Sie, welche sechs Landschaftsnamen in die Kreisgliederung von 1993 eingegangen sind.

Kaiser Karl IV. und seine Gemahlin, Wandmalerei von der Burg Karlstein bei Prag

DIE ANFÄNGE DER HOHENZOLLERN

Zu den wenigen lateinischen Aufzeichnungen über die Geschichte Berlins gehört die folgende Chronik eines unbekannten Verfassers, die den Zeitraum von 1369 bis 1432 umfasst. In diese Zeit fallen Ereignisse von großer Bedeutung für die Mark. Nach dem Tod Karls IV. 1378 herrschten erneut unsichere Verhältnisse. Die Markgrafen konnten sich kaum gegenüber dem märkischen Adel durchsetzen, der die Städte tyrannisierte. Besonders berüchtigt war die Familie der Quitzows. Mit ihrer Hilfe konnten die Herzöge von Pommern 1402 die Stadt Strausberg (Strußzeberg) erobern. 1411 setzte König Sigismund den Burggrafen Friedrich VI. von Nürnberg (Fridericus de Norenberg) aus dem Geschlecht der Hohenzollern als Statthalter ein. Er schlug die Pommern am Kremmer Damm und eroberte die Hauptburgen der Quitzows. 1415 wurde er zum Markgrafen und Kurfürsten von Brandenburg ernannt, und zwei Jahre später erhielt er die Mark als Lehen. Die Hohenzollern sollten von da an bis zum 9. November 1918 über die Mark herrschen. Am Ende der Chronik steht eine Bekräftigung der 1307 geschlossenen Union von Berlin und Cölln (Coelen).

Anno domini 1369 moneta Berlinensis fuerat incepta. Anno domini 1380 in die Laurencii Berlin miserabiliter periit igne. Anno domini 1402 civitas Strußzeberg per *duces* stagnales est devicta in vigilia Sancti Mathei, sed post duos annos per nostros est reformata. Anno domini 1409 in nocte beatae Caeciliae cecidit turris beatae Virginis et anno sequenti re-incepta est per magistrum Michaelem de Gorlicz ad re-aedificandum. Anno domini 1410 Didericus de Quiczow sumpsit pecora ante Berlin et captabat multos cives. Anno domini 1412 illustris princeps dominus Fridericus de Norenberg venit primo in Brandenborgk. Et eodem anno dominus Hollach, dominus Philippus et multi nobiles de curia *marchionis* fuerunt interfecti per duces Stettinenses in aggere Kremmen. Anno domini 1414 *castra* Frysak, Golcz, Plawe et Buten sunt devicta per dominum Fridericum marchionem. Anno domini 1432 in vigilia beatorum Petri et Pauli apostolorum conclusa fuit unio civitatum Berlin et Coelen, pro qua deo laus in saecula saeculorum amen.

moneta – Münzprägung
in die Laurencii – am 10. Aug.
miserabilis, *e* – elendiglich
stagnalis, *e* – Ostsee-
in vigilia – hier: am Vortag des Feiertages (am 20. Sept.)
reformare – zurückerobern
in nocte beatae Caeciliae: am 22. November
beatus, *a*, *um* – hier: heilig
magister, *-tri* m. – Meister
Gorlicz – Görlitz
Didericus – Dietrich
captare – gefangen nehmen
curia – Hof
Stettinensis, *e* – Stettiner
agger, *-is* m. – Damm
Frysak, Golcz, Plawe et Buten – Friesack, Golzow, Plaue und Beuthen
in vigilia ... apostolorum: am 28. Juni
concludere, *-cludo*, *-clusi*, *-clusum* – beschließen
unio, *-onis* f. – Vereinigung
in saecula saeculorum – in Ewigkeit

1. Wie gibt der Chronist Tagesdaten an?
2. Die Chronik enthält außer den hier wiedergegebenen Informationen über Berlin und Brandenburg auch Angaben zur Geschichte des Deutschen Reiches und Europas. Welche Stellen lassen dennoch darauf schließen, dass der Autor ein Berliner gewesen ist?

3. Dem anspruchslosen Stil der Chronik entspricht die einfache Satzstruktur. Fertigen Sie zum ersten Satz ein Satzmodell an und überprüfen Sie, durch welche Satzglieder das Modell in den folgenden Sätzen erweitert wird. Welche zwei grammatikalischen Möglichkeiten hat der Autor verwendet, um die handelnden Personen anzugeben?
4. Die Jahreszahlen sind im Original mit römischen Zahlzeichen geschrieben. Ordnen Sie die römischen den arabischen Ziffern zu: MCCCCX, MCCCLXXX, MCCCCII, MCCCCXII, MCCCCIX, MCCCLXIX, MCCCCXXXII, MCCCCXIV.

Denar der Stadt Berlin mit dem Berliner Bären, geprägt nach 1369

Die Marienkirche mit dem Turmaufsatz, den Carl Gotthard Langhans, der Architekt des Brandenburger Tores, 1789/90 errichtete; dahinter der Berliner Fernsehturm

Belehnung des Burggrafen Friedrich von Nürnberg mit der Mark Brandenburg durch König Sigismund am 18. April 1417 auf dem Konzil zu Konstanz. Der König übergibt dem Burggrafen symbolisch eine Fahne mit dem roten brandenburgischen Adler. Hinter dem König stehen Fürsten mit den Reichsinsignien. Der mittlere hält ein Schwert über das Haupt des Königs zum Zeichen des Einwirkens göttlicher Kraft. Der Fahnenträger hinter dem Burggrafen trägt das schwarz-weiße Banner von Nürnberg. Der untere Bildabschnitt zeigt berittenes Gefolge

EIN MUTIGES MÄDCHEN

Die mittelalterliche Geschichtsschreibung der Mark Brandenburg endet mit der Chronik des Franziskanermönches Matthias Döring, die er am Ende seines Lebens im Kloster Kyritz schrieb. Nach seinem Tode 1469 wurde sie von einem anderen Autor fortgesetzt, dessen Namen uns nicht bekannt ist. Er hat die folgende Geschichte aufgeschrieben.

Anno 1497 in Prusiae regione accidit, quod duo, alter senex, qui iam multa scelera commiserat, alter iunior, qui eius senis malam viam secutus est, cum ad vesperam apud quoddam molendinum venissent, hospitium petiverunt. Sed illo vix praebito iunior postulavit, ut *villam* propinquam tabernamque edendi bibendique gratia visitarent. Molitor fraudis ignarus una cum hospite ad villam proficiscitur. Interea senior opportunum tempus adesse aestimans extracto pugione in uxorem molitoris in puerperio decumbentem irruit et minata morte quaerit, ubi sint pecunia et res pretiosae; quas cum in cista a muliere designata esse comperisset, advocat ancillam domus, quam ad aperiendum cistam extrahendasque vestes in ea re-positas coegit. Et cum vestes iam XI accepisset, voluit, ut ancilla alias similiter extraheret, quae muliebri sollertia subito consilium capiens dixit, quam cista alta est et profunda, et: „Vos reliquas vestes extrahite". Idem dum se ad extrahendum in cistam nimium inclinaret, ancilla hunc per pedes comprehendens in cistam iecit et in clausa cista sedens futurum eventum exspectavit. Qui non multo post haec accidit. Nam dimisso molitore in villa ille iunior latro rediit et hospitii gratia postulavit, ut intromitteretur. Quod cum sibi negatum esset, nitebatur domum intrare violenter. Sed cum undique clausam sensisset, conatur per foramen quoddam ingredi, quod sentiens ancilla iam transmissum caput latronis securi dissecuit. Rediens e villa molitor senem latronem in cista conclusum interfecit. Postero die multi ad illam ancillam visendam confluunt eamque audaciae causa laudant et dignam dotationem ei pollicentur.

Prusia – Preußen
iunior, *ius* – jünger

molendinum – Mühle

molitor, *-is* m. – Müller
senior, *ius* – älter

extracto pugione – mit gezogenem Dolch
puerperium – Kindbett
decumbere – (darnieder-)liegen **irruere in** – herfallen über
designare – bezeichnen
ancilla – Magd

muliebris, *e* – weiblich
sollertia – Schlauheit

nimium – allzu (sehr)
inclinare – hineinbeugen
per (m. Akk.) – hier: an

latro, *-onis* m. – Räuber

violenter (Adv.) – gewaltsam

foramen, *-inis* n. – Öffnung
transmittere, *mitto, misi, missum* – hier: durchstecken
securis, *-is* f. – Beil
dissecare, *seco, secui, sectum* – abschlagen

dotatio, *-onis* f. – Mitgift

ZEITTAFEL

9 v. Chr.	Drusus gelangt bis an die Elbe und stirbt wenig später
5 n. Chr.	Tiberius erreicht die Elbe
9 n. Chr.	Schlacht im Teutoburger Wald, Ende der römischen Expansionspläne jenseits des Rheins
3. - 6. Jh.	die Germanen stoßen auf römisches Territorium vor; das Gebiet östlich der Elbe wird von Slawen besiedelt
um 500	Frankenreich der Merowinger unter Chlodwig
800	der Frankenkönig Karl d. Gr. wird zum Kaiser gekrönt
911	Wahl Konrads I. zum ostfränkischen König
919	Wahl des Sachsenkönigs Heinrich I.
928/29	Heinrich I. erobert die Brandenburg
948	Otto I. (der Große) gründet die Bistümer Brandenburg und Havelberg
983	Großer Slawenaufstand
993	Otto III. verschenkt die Orte Potsdam und Geltow
1134	der Askanier Albrecht der Bär wird Markgraf der Nordmark
1147	Kreuzzug gegen die Slawen
1157	Albrecht der Bär erobert die Brandenburg und wird erster brandenburgischer Markgraf
1180	Albrechts Sohn Otto I. gründet das Kloster Lehnin
1237	erste urkundliche Erwähnung Cöllns, der Schwesterstadt von Berlin
1240	Kampf der Markgrafen Johann I. und Otto III. gegen den Markgrafen von Meißen um Mittenwalde und Köpenick
1253	Gründung der Stadt Frankfurt a. d. Oder
1307	Union zwischen Berlin und Cölln
1319/20	das Geschlecht der brandenburgischen Askanier erlischt, Beginn der Kämpfe um den Besitz der Mark Brandenburg
1324	Ermordung des Probstes von Bernau
1369	Münzprivileg für Berlin
1375	Kaiser Karl IV. lässt das Landbuch der Mark Brandenburg erstellen
1376, 1380	große Stadtbrände in Berlin
1410	Dietrich von Quitzow befehdet Berlin
1411	Kaiser Sigismund setzt den Burggrafen Friedrich von Nürnberg aus dem Haus Hohenzollern als Statthalter in Brandenburg ein
1415	Friedrich wird Markgraf und Kurfürst von Brandenburg
1432	erneute Union zwischen Berlin und Cölln

TIPPS ZUM WEITERLESEN

Märkische Sagen. Berlin und die Mark Brandenburg, hg. von Ingeborg Drewitz, Reinbek (Rowohlt) 1995.

Leseprobe:

Jazco von Köpenick

Das Dorf Pichelsdorf bei Spandau, bei welchem die Havel einen großen See bildet, ist eins der ältesten in der ganzen Gegend, denn die Einwohner erzählen, dass es bereits zu jenen Zeiten vorhanden gewesen sei, als die Leute noch in der Erde wohnten. Dicht am Einfluss in den genannten See bildet die Havel mit demselben eine sich ziemlich weit hin erstreckende Landzunge, die an ihrem äußersten Ende steil zum Wasser abfällt. Bis zu diesem Punkt soll einmal in alten Kriegszeiten ein Ritter, von seinen Feinden verfolgt, gekommen sein; bei seiner eiligen Flucht hatte er aber nicht bemerkt, dass ihm hier kein Ausweg sich darbiete, und die Feinde riefen daher bereits triumphierend: „Nun haben wir ihn wie in einem Sack", woher auch dies Stück Land den Namen „der Sack" erhalten hat. Aber der Ritter ließ den Mut nicht sinken und versuchte noch das letzte Mittel der Rettung; er gab seinem Ross die Sporen und stürzte sich mit ihm in den See; das brave Tier strengte alle Kraft an und brachte seinen Herrn glücklich an eine drüben in den See hineinragende Spitze. Da hing der Ritter zum ewigen Andenken an den gefahrvollen Ritt Schild und Speer an einer Eiche auf, und darum heißt die Landzunge bis auf den heutigen Tag das Schildhorn.
Einige sagen, der Vorfall habe sich im Dreißigjährigen Krieg zugetragen, noch andere erzählen, es sei der Alte Fritz gewesen, der sich so gerettet. Die Gelehrten aber meinen: das sei der Fürst Jacze oder Jazco von Köpenick gewesen.

Das Denkmal auf dem Schildhorn (1845)

Quellenangaben

S. 4	Cassius Dio 55, 1, 3-4; Velleius Paterculus 2, 107, 1-2
S. 5	Tacitus, Germania 38-39
S. 8/9	Widukind von Corvey, Res gestae Saxonicae 1, 35; 2, 20-21
S. 10/11	Monumenta Germaniae historica D O I, 105
S. 12/13	Thietmar von Merseburg, Chronicon 3, 17- 19
S. 14	Monumenta Germaniae historica D O III, 131
S. 18, 20, 22	Fragmenta Chronicae Episcoporum Brandenburgensium, hg. von G. Sello, in: 20. Jahresbericht über den historischen Verein zu Brandenburg a. d. H., 1888, S. 37-52
S. 19	Helmold von Bosau, Chronica Slavorum 1, 89
S. 21	Theodor Fontane, Wanderungen durch die Mark Brandenburg, Bd. 3: Havelland
S. 24	Codex diplomaticus Brandenburgensis, hg. von A. F. Riedel, Berlin 1838-1869, A 23, 3
S. 26	Chronicon Berolinense, hg. von E. Fidicin, Schriften des Vereins für die Geschichte der Stadt Berlin 4, 1870, S. 5f.
S. 27	Das Landbuch der Mark Brandenburg von 1375, hg. von J. Schulze, Berlin 1940, S. 62f.
S. 28	Wilhelm Meyer, Der Berliner Annalist von 1434, in: Nachrichten von der Königlichen Gesellschaft der Wissenschaften zu Göttingen, Phil.-hist. Klasse, 1895, S. 256-271
S. 30	Mathias Dörings Fortsetzung der Chronik von Dietrich Engelhusen, in: Codex diplomaticus Brandenburgensis, hg. von A. F. Riedel, Berlin 1838-1869, D 1, S. 209-256